みんなが
使いやすい

身近な
ユニバーサル
デザイン

3 生活用品・スポーツ・ゲーム

360° 歯ブラシ、だれでもあそべるトランプ ほか

監修 **白坂 洋一**
筑波大学附属小学校教諭

汐文社

みんなが使いやすい

身近なユニバーサルデザイン

3 生活用品・スポーツ・ゲーム
360°歯ブラシ、だれでもあそべるトランプ ほか

私たちにできるユニバーサルデザインの第一歩とは？

みんなが快適に使えてはじめてユニバーサルデザインになる

　お年よりや障がいのある人はもちろん、すべての人が快適に利用できるように配慮された製品や建築物、環境などのデザインを、「ユニバーサルデザイン」といいます。

　ユニバーサルデザインは「バリアフリー」とはちがい、特定の人だけに配慮するものではありません。特定の人にとっては快適なものでも、それ以外の人にとって使いにくいものは、ユニバーサルデザインとはいえないのです。

　たとえば、第2巻に出てくる「みんなが快適にテレビを見られる集音機」は、テレビの音が聞こえにくい人に向けた製品ですが、逆にまわりの人がうるさく感じることがないようになっています。また、だれでもあそべるルービックキューブ（35ページ）も、目が不自由な人でなくても楽しく遊べるようになっています。

この本では、子どもたちが身近にあるさまざまな「ユニバーサルデザイン」を探して、どういう工夫がほどこされているかを調べます。しかし、一部の人に配慮しているというだけでは、ユニバーサルデザインとはいえません。

いろいろな人に配慮しよう

ユニバーサルデザインについて知れば知るほど、不自由な環境に困っている人がたくさんいることがわかるでしょう。そして、今は不自由さを感じていなくても、いずれ年を取ったり、病気になったり、けがをしたりすれば、不自由さを感じるようになるかもしれません。

ですから、みなさんも、「この手すりは、背の低い人にとっては不便かもしれない」「この文字は年を取ったら見にくくなるか

もしれない」「このボタンは自分でも押しにくいな」など、自分をふくめたいろいろな人が使えるかどうかという視点でものを見てみましょう。

そして、困っている人を見かけたら、「なにかお手つだいできることはありますか？」と声をかけ、自分のできる範囲でお手つだいすることが大事です。

それが、ユニバーサルデザインの第一歩といえるのではないでしょうか。

ユニバーサルデザインフォント

この本は、文字の主要な部分で「ユニバーサルデザインフォント」を使用しています。ユニバーサルデザインフォントは、文字の形や線の太さ、線と線との間隔などを工夫し、だれにとっても見やすく読みやすいように配慮されています。

みんなが使いやすい 生活用品とは？

家の中には、さまざまな設備や生活用品などがあります。それらの中には、みんなにやさしく、だれもが使いやすい工夫がほどこされたものがたくさんあります。どんなものがあるか、探してみましょう。

住宅設備のいろいろ

みんなに便利な家庭用のエレベーター

けがをした人や病気の人、車いすの人、お年よりにとって、階段の上り下りには不安があります。でも、ホームエレベーターがあれば、ボタンひとつでどの階へも行くことができます。乗り降りしやすく設計されていて、両手に荷物をかかえていたり、ペットをつれていたりしても、安全に使用できます。

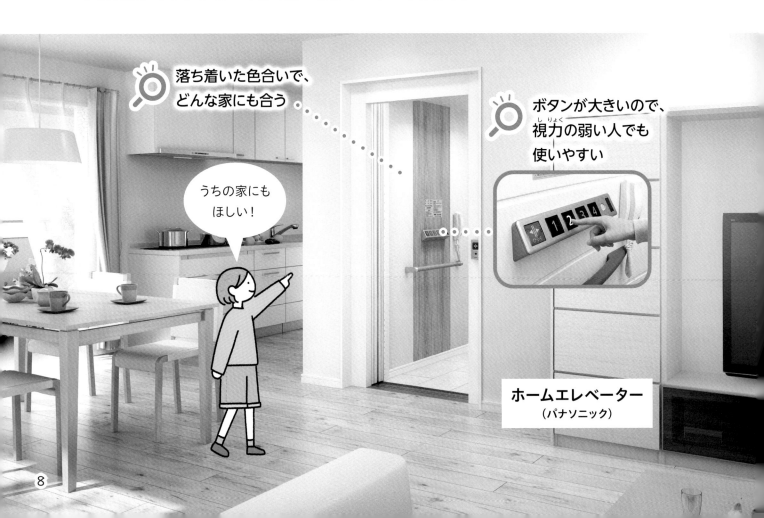

落ち着いた色合いで、どんな家にも合う

うちの家にもほしい！

ボタンが大きいので、視力の弱い人でも使いやすい

ホームエレベーター
（パナソニック）

安心・安全の設計

こんなにたくさん
センサーが
あるんだ！

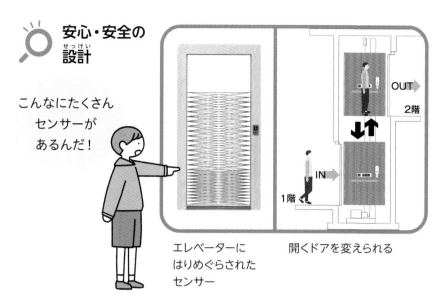

エレベーターに
はりめぐらされた
センサー

開くドアを変えられる

ドアにセンサーをつけていて、小さい子どもやペットも感知して安全に停止するので、ドアにはさまれる心配がありません。また、階によって開くドアを変えられるので、家の間どりに合わせることができます。

開発した会社の人に聞いてみよう！

パナソニック エレベーター株式会社

瀬口 智恵 さん

Q

ビルなどのエレベーターとのちがいはなんですか？

ホームエレベーターは最大で３人乗りで、床面積が1.1㎡以下の小さいタイプです。家の中で使うので、あたたかみのある木の質感にして、床や壁、手すりには抗菌・抗ウイルス処理をしています。ドアのセンサーは、小さな子どもの指やペットのリードも感知します。

瀬口さんの右手の
うしろに見えるのが
非常用電話
なんだって

Q

どんな人が使っていますか？

車いすを使う方や、体の不自由な方をイメージするかもしれませんが、実際は家事をする人が一番よく使っています。毎日の洗濯物を運んだり、重い掃除機や買い物袋を運んだりされますね。開発に４年近くをかけて、安心・安全と快適性を追求したので、みなさんもぜひ乗ってみてください。

9

段差の少ない入りやすい浴室

スパージュ
（LIXIL）

浴室内の「ぐるっとバー」が、
浴室のどこにいても
動作をサポート

床も水はけがよく
すべりにくい工夫が
されているよ

段差がない
フラットな床

手すりには平らな面があり、にぎる力の
弱い人でもにぎりやすい

　家の中で意外と多いのが、ちょっとした段差による転倒事故です。中でもおふろは、ぬれているためにすべりやすく、浴室への出入りですべって転倒することが多い場所といわれています。くつろぎの場所で安心して入浴できるよう、入り口と床の段差をなくし、浴槽も低くしているので、つまずく危険性が少なくなっています。
　また、浴槽内や浴室内の壁に手すりがつけられ、すべりやすい浴室内での動作を安全にサポートしてくれます。

みんなが使いやすいトイレ

　家族みんなが毎日使うことを考えた、だれでも使いやすいトイレです。足腰の弱い人でも、可能なかぎりひとりで用をたすことができるよう、トイレの横には立ち座りをサポートする台と手すりがつけられています。にぎる力が弱い人でも、手のひらやひじを台にそえることで体を支えられるようになっていて、安心です。

よく使うボタンは
大きく押しやすく配置

止	おしり ・ワイド	マイルド ・ワイド	ビデ ・ワイド・スーパー	流す 大	流す 小

前　洗浄位置　後　　　ー　洗浄強さ　＋　　おしりターボ 入/切　　乾燥

INAX

いすに座るのと
同じように
ひじをかけて座れるよ

サティス
（LIXIL）

みんなが使いやすい玄関・ろうか・階段

　玄関やろうか、階段は長い時間をすごす場所ではありませんが、すべったり段差につまずいて転んだりするなど、事故の多い場所です。ろうかや階段に照明つきの手すりを設けることで、夜でも足もとが見やすくなります。また、階段のふみ板の表面にすべりにくい素材を使用することで、事故をふせぐことができます。元気に走り回る小さな子どもから、体を動かしにくいお年よりまで、家族みんなが安全に暮らせる設計です。

照明つきの手すりが
あれば、よく見えるから
足をふみはずす
不安もないね！

もちやすい
手すり

腰をかがめることなく楽な姿勢で
くつのぬぎはきができる玄関ベンチ

すべりにくい素材を
使った階段

ろうかや階段の手すりに
つけられた照明

手すり照明／階段／玄関ベンチ
（LIXIL）

みんなが使いやすい洗面台

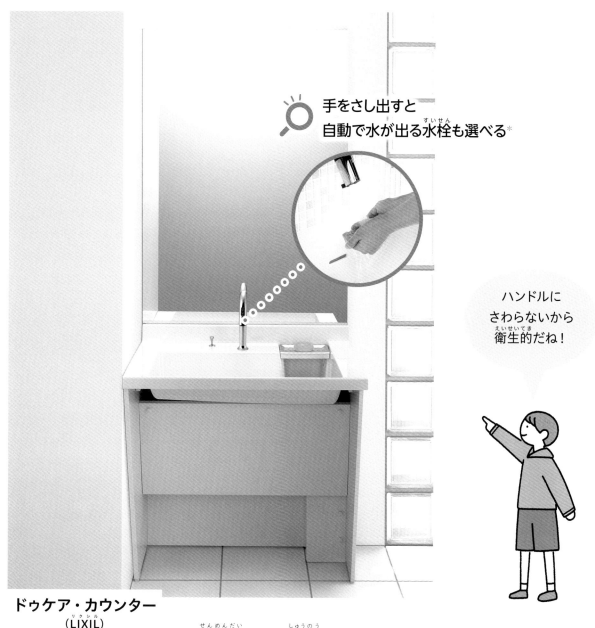

手をさし出すと
自動で水が出る水栓も選べる＊

ハンドルに
さわらないから
衛生的だね！

ドゥケア・カウンター
（LIXIL）

＊画像は実際のタッチレス
水栓とはことなります。

洗面台の下は収納スペースになっていることが多いのですが、この洗面台は座った姿勢で使用する人に配慮して、足が入るスペースを設けています。いすや車いすを使用する人でも蛇口に近づけるので、スムーズに手を洗うことができます。また、蛇口は手でひねらずに使えるタッチレス水栓を選ぶことができ、ハンドルに手がとどきにくい人、力が入りにくい人でも楽に使えます。

寝起きが楽になる電動ベッド

INTIME 1000
（パラマウントベッド）

リモコン操作で
起き上がる

インテリアに調和する
デザインを考えて
作られたんだって！

　ここちよい睡眠だけでなく、ベッドですごすすべての時間を快適にすることを考えた電動ベッドです。ベッドから起き上がる、立ち上がるといった動作をサポートしてくれるリクライニング（背あげ）機能や高さ調節機能だけでなく、足のむくみをやわらげるフットレスト（ひざあげ）機能もそなわっており、テレビを観る、読書をするといったリラックスタイムもより楽しい時間にしてくれます。

どんな寝室にもなじむシンプルなデザインでありながら、将来、介護が必要になった場合の利便性も考えられています。寝返りや立ち上がりを助けるスイングアーム介助バーや、転落をふせぐベッドサイドレール、サイドテーブルなどがつけられるようになっています。

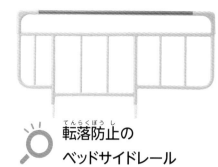

🔍 転落防止の
ベッドサイドレール

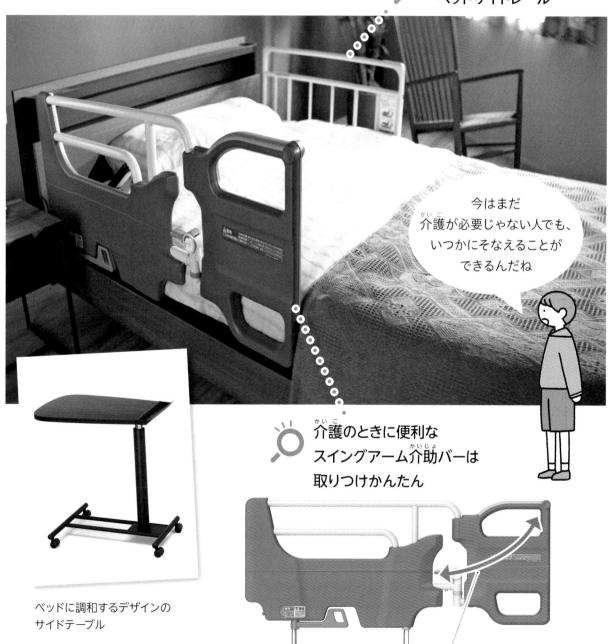

今はまだ
介護が必要じゃない人でも、
いつかにそなえることが
できるんだね

🔍 介護のときに便利な
スイングアーム介助バーは
取りつけかんたん

ベッドに調和するデザインの
サイドテーブル

ここが開いて、ベッドからの立ち上がりをサポート

身近なものの工夫

みんなにやさしい！

いろいろ

さわってちがいがわかるボトル

シャンプーやリンス、コンディショナーなどのボトルは、形がよく似ています。色はちがいますが、シャンプー中に目をつぶっているとわかりません。視力の弱い人や色覚多様性の人なども同じです。そこで、ボトルを見なくても区別ができるよう、シャンプーのボトルの側面にきざみをつける工夫がほどこされています。

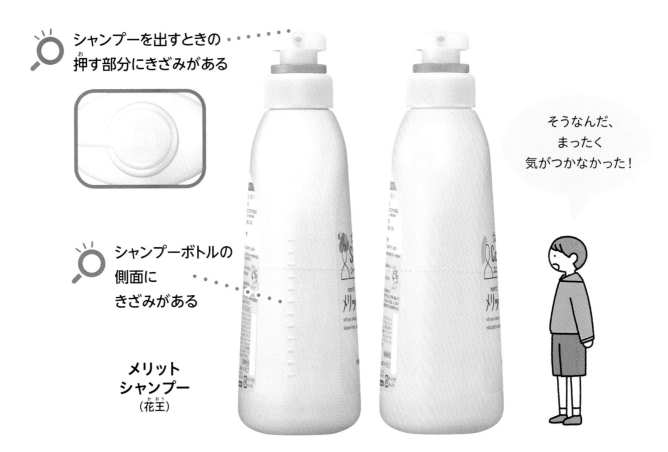

シャンプーを出すときの押す部分にきざみがある

シャンプーボトルの側面にきざみがある

メリット
シャンプー
（花王）

そうなんだ、まったく気がつかなかった！

16

詰めかえ用パックにもひと工夫

しかも
詰めかえ用は
環境にやさしい!

詰めかえ用パックにも同じ工夫がされています。パックの色をボトルとそろえるだけでなく、キャップの色を変え、見てわかりやすくなっています。さらに、シャンプーのキャップ上にもきざみをつけ、さわることでもわかるようになっています。

開発した会社の人に聞いてみよう!

花王株式会社　包装技術研究所　**久保田 遼** さん

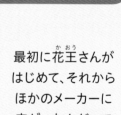

Q
どうしてきざみをつけようと思ったのですか?

「まぎらわしい」「区別しにくい」「目が不自由なので工夫してほしい」という声をお客様からいただいたことがきっかけです。1989年から「一番わかりやすいもの」をめざして工夫を続け、1991年10月に発売されました。その後、こうしたデザインが業界の統一基準になったんですよ。

最初に花王さんがはじめて、それからほかのメーカーに広がったんだって

Q
ほかの商品ではどんな工夫をしているの?

たとえば、ボディウォッシュのボトルでは、きざみではなく、出っぱった線をつけています。とても小さな工夫に見えますが、「見えない状態でも判別できる」という大きな役割を果たします。みなさんもぜひ、いろいろなものに興味や疑問をもって、その理由や働きを調べてみてくださいね。

17

洗濯物の量によって
押す回数を変える

家事でいそがしい人
でも、楽に使えるね

アタックZERO
ワンハンドタイプ
（花王）

片手ではかれる洗剤

　洗濯機に洗剤を入れるとき、通常はキャップに入った目もりを見ながら量をはかりますが、それがむずかしいという人もいます。この洗剤は、レバーを1回押すと5mLの洗剤が出るので、片手でかんたんに適切な量の洗剤を入れることができます。洗浄力や除菌力も高く、洗濯物を部屋で干してもいやなにおいがしません。

軽い力で押せる
ヘアスプレー

てこの原理を
応用したんだって！

ケープ
（花王）

ボタンにくぼみがあるので、
指を置く向きがわかりやすい

　軽い力でボタンを押すことができ、力が弱い人でも使いやすいヘアスプレーです。缶の側面にくぼみがついているので、手がすべりにくく、缶をしっかりもつことができます。

アルコール飲料の
缶<ruby>缶<rt>かん</rt></ruby>についた点字はなに？

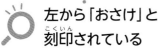

左から「おさけ」と
<ruby>刻印<rt>こくいん</rt></ruby>されている

ほろよい など
（サントリー）

缶<ruby>缶<rt>かん</rt></ruby>の形はどれも似<ruby>似<rt>に</rt></ruby>ていて
ちがいがわからないけど、
これならちゃんと
まちがえずに選べるね！

ビールやチューハイ、カクテルなどの
アルコール飲料の缶<ruby>缶<rt>かん</rt></ruby>の上には、点字で
「おさけ」と書かれています。目の不自
由な人などが、アルコール飲料と清涼<ruby>清涼<rt>せいりょう</rt></ruby>
飲料水<ruby>飲料水<rt>いんりょうすい</rt></ruby>とをまちがえないよう、さわっ
てわかるようになっているのです。

パッと見ただけだと
まちがいやすいけど、
これならだれでも
わかりやすい！

くぼみは開け口の
反対側にあるため、
開けまちがい防止<ruby>防止<rt>ぼうし</rt></ruby>にも

おいしい
<ruby>雪印<rt>ゆきじるし</rt></ruby>メグミルク
<ruby>牛乳<rt>ぎゅうにゅう</rt></ruby> など
（雪印メグミルク）

<ruby>牛乳<rt>ぎゅうにゅう</rt></ruby>パックにくぼみが
ついているのはなぜ？

<ruby>牛乳<rt>ぎゅうにゅう</rt></ruby>パックの上部にある丸いくぼみは「切り欠き」といって、
<ruby>生乳<rt>せいにゅう</rt></ruby>を100%使用した「<ruby>牛乳<rt>ぎゅうにゅう</rt></ruby>」だけについているしるしです。
目の不自由な人や目が見えにくいお年よりなどが<ruby>牛乳<rt>ぎゅうにゅう</rt></ruby>とそれ
以外の<ruby>乳飲料<rt>にゅういんりょう</rt></ruby>（<ruby>加工乳<rt>かこうにゅう</rt></ruby>や<ruby>低脂肪乳<rt>ていしぼうにゅう</rt></ruby>など）を区別できるように
なっています。

いろいろな 生活便利グッズ

ドアが開けやすくなるレバー

　にぎる力が弱い人などのための、ドアノブにつけるレバーです。輪になった部分を、回すタイプのドアノブに取りつけることで、レバーハンドルになります。手でギュッとにぎる必要がなく、少ない力でドアを開けることができます。

ドアノブを
交換しなくても
いいから手軽だね

特別な工具がなくても
かんたんに取りつけ可能

ドアノブレバー
（ニトムズ）

垂直使用時14kg、水平使用時8kg
までの力にたえられる

粘着テープを
使わないので、
賃貸住宅でも安心して
使えるね！

吸盤ドアハンドル
（光）

だれでもドアが 開けやすくなるハンドル

　引き戸や窓、冷蔵庫のドアなどに取りつけることで、開けやすくなるドアハンドルです。吸盤式で、つまみを回すだけでかんたんに取りつけ・取りはずしができ、くり返し使用可能。子どもやお年よりでも、重い引き戸やドアがかんたんに開けられるようになります。

だれでも本が読みやすくなる道具

小さい文字が読みにくい人や、視力（しりょく）が弱くなった人でも、本の文字が読みやすくなる拡大読書器（かくだいどくしょき）です。A4サイズの範囲（はんい）を撮影（さつえい）できるのに、折りたたんでもち運べるコンパクトサイズで、場所を選ばずに読書ができます。

ボタンはもちろん、タッチパネルでも直感的に操作（そうさ）できる

クローバーブック・ライト
（システムギアビジョン）

どこにでも気軽にもち運べるから読書が楽しみになるね！

最新のAI（人工知能）（じんこうちのう）技術（ぎじゅつ）を使い、撮影（さつえい）した文章を音声で読み上げる音声読書器です。本や新聞はもちろん、商品のパッケージや郵便物（ゆうびんぶつ）、名刺（めいし）など、活字であればどんな文字でも対応（たいおう）しています。

A3サイズまで読み取り可能（かのう）で、本の見開きのはしからはしまで読み上げてくれる

**エンジェルビジョン
デスクトップリーダー**
（システムギアビジョン）

ボタンもシンプルでわかりやすいから、手さぐりでも操作（そうさ）できるよ

だれでも使いやすい
360°歯ブラシ

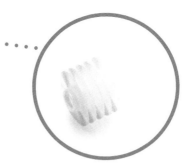

柄のまわりが360°ぐるっとブラシになっていて、子どもからお年より、障がいのある人など、だれでも使いやすい歯ブラシです。一般的な歯ブラシよりも毛の量が多く、1本1本の毛が細いので、軽く横みがきするだけでかんたんにみがくことができます。

毛量は従来の歯ブラシの約10〜20倍、毛の太さは0.07〜0.09mm

360°歯ブラシ
(写真は「ピカまる」／ビバテック)

写真は子ども用だけど、大人用もあるよ

軽い力で使える
お風呂掃除用ブラシ

これならはなれたところもしっかり洗えそう!

**指掛け
バスクリーナー**
(ダイヤ)

中指をかけることで、押しても引いても力が逃げにくい

ブラシの柄の部分に中指をかけるリングがついていて、力が入りやすくなるバスクリーナーです。軽い力でにぎって動かしても柄がずれないので、お風呂のすみずみまで洗うことができて、つかれにくいのが特徴です。

軽い力で使える爪切り

にぎっても、押しても使える

ゆるやかなドーム状で、けずりやすいやすり面

ネイルプラス
（長谷川刃物）

子どもからお年よりまで使いやすい、軽い力で使える爪切りです。にぎっても、机の上に置いて押しても使えます。にぎるところの面積が大きいので、切ったときの衝撃もやわらげます。

足の爪が楽に切れる爪切り

これなら安全に足の爪が切れるね！

ルーペは角度調節が可能

妊婦さんや腰の悪い人、お年よりなど、前かがみの姿勢が取りにくく、足の指先までよく見えない人でも、安全に足の爪を切ることができる爪切りです。倍率約1.5倍のルーペは、LEDライト付きで、指先までよく見えるので、視力に不安がある人にとっても便利です。

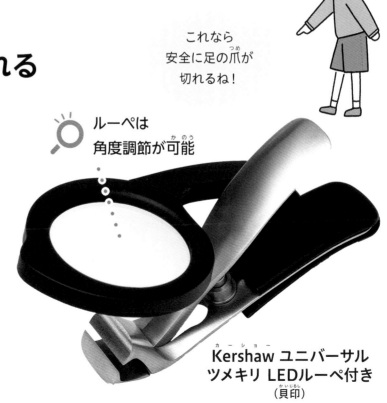

**Kershaw ユニバーサル
ツメキリ LEDルーペ付き**
（貝印）

片手で使える ピンチハンガー

片手に洗濯かごを
もったまま動作できるから、
何度もかがまずにすむね！

軽い力でつまむだけで 洗濯物を干せる

いちどに ありがとう32 （Image Craft）

このピンチハンガーは、クリップの下の部分をつまむと洗濯物をとめられるので、片手で干すことができます。洗濯物を取りこむときは開放バーをにぎるだけで、一度に4つのクリップを開くことができて、取りはずしが楽になります。

開放バーをにぎると
洗濯物が一度にはずせる

だれでも きれいに干せる ハンガー

肩の部分は
のびちぢみするから、
子ども服から大人の服
まで使えるよ

洗濯物の片側が切り欠きの 奥までスライドできるので、 えり首をのばさずに干せる

立体的な形で人が着ているような状態でかけられるため、肩の部分に吊ったあとをつけることなくきれいに干せるハンガーです。中央部分に切り欠きがあり、かけはずしのときに、えり首をのばさずに干すことができます。

フランドリー やさしく干すスライドハンガー （ダイヤ）

だれでも使いやすい
アイロン台

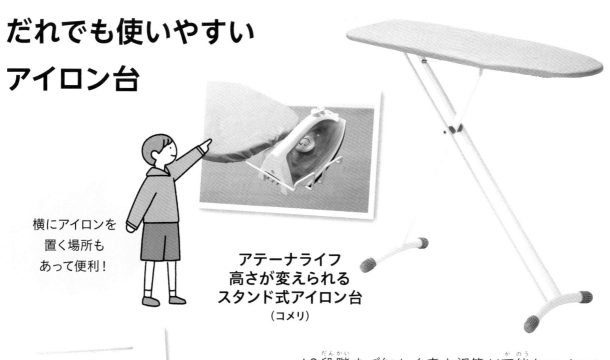

横にアイロンを
置く場所も
あって便利！

アテーナライフ
高さが変えられる
スタンド式アイロン台
（コメリ）

使う姿勢に
合った高さに
調節できる

　10段階まで細かく高さ調節が可能なアイロン台です。立ったままでも、いすに座っても、正座でも、どんな姿勢にもピッタリの高さに合わせられるので、だれでも自分が使いやすい姿勢でアイロンがけをすることができます。

だれでもつまみやすい
洗濯ばさみ

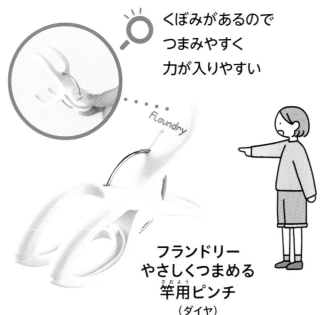

くぼみがあるので
つまみやすく
力が入りやすい

Flaundry

フランドリー
やさしくつまめる
竿用ピンチ
（ダイヤ）

これならだれでも
楽に使えそう！

　つまみ部分が大きく、くぼみがついているので、指先でつまみやすい洗濯ばさみです。ピンチの先が2つに分かれているので、タオルケットなど厚みのある洗濯物もしっかりつかんでくれます。

いざというとき
役立つグッズ

みんなが使いやすい
防災グッズ

LEDランタン
「でかランタン」
（パナソニック）

ふだんはアウトドア用のあかりとして、非常時は手にもって懐中電灯としても使えます。

電池がどれでもライト
（パナソニック）

単１形〜単４形の電池がどれでも１本で使えるライト。非常時の懐中電灯としても使えます。

だれでも使いやすいように、シンプルでもちやすいデザインになっているんだって！

このバーを回して充電できる

FM-AM
２バンドレシーバー
（パナソニック）

電池がなくても、手回しによる充電でラジオが聞けます。スマートフォンの充電にも使えます。

コミュニケーション支援ボード

　言葉を使ってコミュニケーションを取ることがむずかしい人のために作られた、コミュニケーション支援ボードです。ボードに描かれたイラストを示すことで、言葉にしなくても自分の感情や意思、したいことなどを相手に伝えることができます。

イラストだけでなく日本語・英語表記もあり、外国人とのコミュニケーションもスムーズに

コミュニケーション
支援ボード
（明治安田こころの健康財団）

インターネットの
ウェブサイトから、
だれでも自由に
ダウンロードして
使うことができるよ！

警察用や救急用、災害時用など、
目的に合わせていろいろな種類がある

27

ユニバーサルスポーツ
のいろいろ

みんなが楽しめるボッチャ

「ユニバーサルスポーツ」とは、年齢、性別、心身の状態などを問わず、だれでも楽しめるスポーツのことです。基本のルールをベースに、参加者の状態に合わせて工夫をしながらプレーします。

たくさんの人が
楽しんで
いるんだね！

ユニバーサルボッチャ
（日本ユニバーサルボッチャ連盟）

先攻は赤い球、
後攻は青い球、白はジャックボール

たとえば、「ボッチャ」は赤・青の球を投げたりころがしたりして、目標となる白い球（ジャックボール）にどれだけ近づけるかを競います。

投げることがむずかしい人は、
「ランプ」という道具を
使って球を動かす

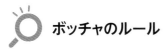 ボッチャのルール

【ボッチャのコート】

スローイングボックス　Ｖライン

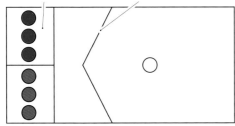

投げる人がスローイングボックスから出たり、
白い球がＶラインの手前で止まったらアウト

【得点の数え方】

赤に２点

青に１点

　ボッチャには１対１の個人戦と、２対２、３対３の団体戦があります。先攻・後攻を決めたら、先攻が白い球を投げ、次に白い球めがけて赤（青）の球を投げます。２巡めからは、白い球から遠い人（チーム）が投げ、６球ずつ投げたら１エンド終了。白い球に一番近い人（チーム）に得点が入ります。

 大会を運営している人に聞いてみよう！

一般社団法人日本ユニバーサルボッチャ連盟
常務理事　渡辺 美佐子 さん

Q

ボッチャはいつごろからあるのですか？

　もともとヨーロッパ生まれのスポーツで、重度の脳性まひや四肢障がいがある人のために考えられたといわれています。1988年のパラリンピックソウル大会から正式種目になりました。日本では、養護学校（今の特別支援学校）の先生が、イギリスからもちこんだのがはじまりとされています。

Q

ユニバーサルスポーツとパラリンピック競技のちがいは？

　パラリンピック競技では、障がいの種類や基準について定めがあります。国際競技なのでルールもきびしいのです。でも、ユニバーサルスポーツとしてのボッチャは、障がいの有無も程度も年齢も関係ありません。2022年の大会では、幼児から高齢者まで、200人近くが参加して楽しんでいましたよ。

競技者に合わせて工夫するのも、このスポーツのおもしろさだね

フィンランド発祥のスポーツ・モルック

　モルックとは、フィンランド発祥の伝統的なゲーム「キイッカ」をもとにしたスポーツです。木製の棒（モルック）を下から投げ、1から12までの数字が書かれた木製のピン（スキットル）をたおして得点を競います。2チーム以上で対戦し、先に50点ピッタリになったチームが勝ちです。老若男女、障がいの有無にかかわらず、だれでも楽しめるように考えられています。

モルックを投げる位置の目印
（モルッカーリ）にふれたり、
ふみこえたりすると得点は0に

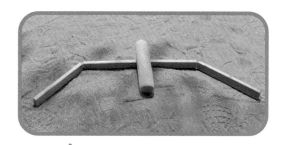

シンプルな
ルールだから
だれでも
参加しやすいね！

モルック
（日本ユニバーサルモルック協会）

スキットルがひとつたおれたらスキットルに書かれた
数字が得点となり、スキットルが複数たおれた場合は
たおれたスキットルの本数が得点となる

座ってプレーする
卓球バレー

ピンポン球は
ネットの下をころがすから、
だれでもかんたんに
あそべるよ!

卓球台をかこみ、
6対6の12人で
プレーできる

卓球バレー
（日本卓球バレー連盟）

　卓球台をコートに見立て、バレーボールのルールでプレーをするユニバーサルスポーツです。卓球台をかこんで、いすや車いすに座ったままプレーをします。転がすと音が出るピンポン球を使用するので、視力の弱い人はもちろん、だれでもゲームを楽しめます。

風船にはすずが2つ入っているので、
目が不自由な人もいっしょに楽しめる

風船バレー
（オールスマイル 笑顔のふうせんバレーボール事業部）

10回以内に
相手のコートに
返せばいいから、
ラリーがつづいて
白熱しそう!

風船バレー

　6人制のバレーボールとほとんど同じルールで、大きな風船を使うユニバーサルスポーツです。チームの全員がボールにさわってから相手のコートに返球するルールですが、プレーする人の状態によってルールは変更可能で、だれもが参加できるやさしいスポーツです。

ゲームのいろいろ

言葉や文化に関係なくあそべる
カードゲーム

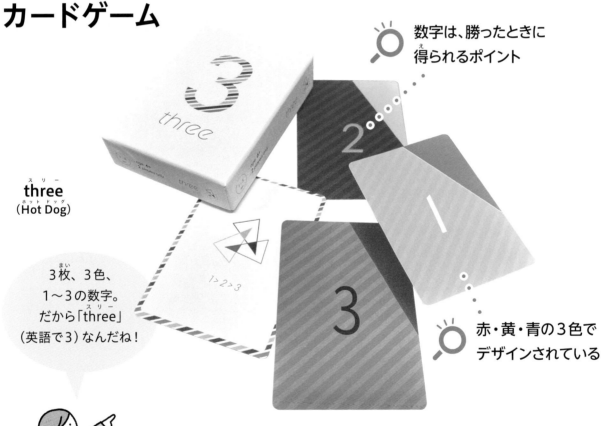

数字は、勝ったときに
得られるポイント

three
（Hot Dog）

3枚、3色、
1〜3の数字。
だから「three」
（英語で3）なんだね！

赤・黄・青の3色で
デザインされている

テレビゲームもボードゲームも、その国の言葉がわからないと楽しめません。カードゲームもルールを覚えないとあそべません。しかし、「three」は、グー・チョキ・パーを使わずにジャンケンができる、言語のちがう相手でもすぐにあそべるカードゲームです。カードの色のデザインでジャンケンを表現しています。

基本的なあそび方

- 3枚ずつカードを開いてならべ、1回に1枚ずつ出しあって勝敗を決めます。3ポイント先取で勝ちです。

- 自分のカードの大きな色が、相手のカードの小さな色と同じなら、数字の分だけポイントを獲得します。

- 自分と相手のカードの大きな色が同じなら、数字の小さいほうが数字の分だけポイントを獲得します。

相手のカードに同じ色がささっているように見えればいいんだね！

3ポイント獲得で勝利！　　**1ポイント獲得！**

開発した人に聞いてみよう！

ボードゲーム創作サークル Hot Dog　**上原 達也** さん

Q
threeを作ろうと思ったきっかけはなんですか？

私は、ゲームであそぶことよりゲームを作ることのほうが好きなんです。だから、ゲームであそんでいても、「あれ？ここをこうしたらおもしろくなるかも？」というアイデアがうかんできます。threeも、ジャンケンのようにシンプルでわかりやすいゲームを作りたくなって、考えはじめました。

言語のちがう人とも楽しめるのがすごいよね

Q
開発期間はどのくらいですか？

思いついてから1年ほどです。ルール自体はすぐにできましたが、ジャンケンだけでは外国でつうじないので、どの国の人にもわかるデザインに苦労しました。その中で気づいたのが、「伝えることはとても大変」ということです。日ごろの言葉ひとつでも、しっかり伝わるように考えることが大切なのだと思います。

だれでもあそべるトランプ

一般的なトランプとちがって、1から10までの数字と、その数字があらわす分だけくりぬかれた4種類のマークがある、4色のシンプルなトランプです。厚みのあるカードにふれた感触や、あそぶときの音が感覚を刺激してくれる、だれでもあそべるトランプです。

こどもトランプ1to10
（バンビーノ）

一般的なトランプと
同じように
あそべるんだって！

厚みがあって
もちやすい

だれでもあそべるeスポーツ

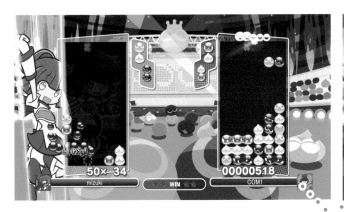

ぷよぷよeスポーツ
（セガ）

4つのパターンから色が調整でき、
色の強さも変えられる

これでみんな
公平にゲームを
楽しめるね

日本人では、男性の約5％、女性の約0.2％が、色の見え方が一般の人と少しことなる「色覚多様性」だといわれています。パズルの色やその強さを調整して、色覚多様性の人でも同じようにゲームを楽しめるように工夫されています。

だれでもあそべる
オセロ

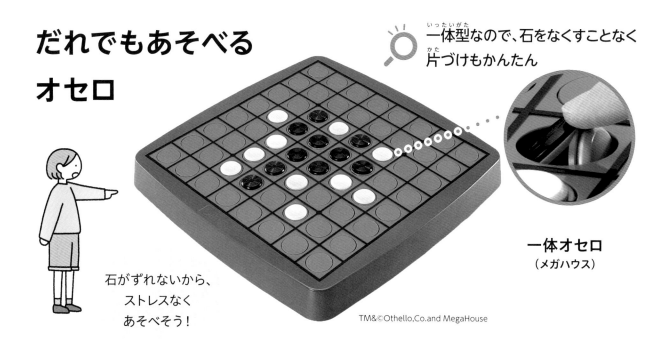

一体型なので、石をなくすことなく片づけもかんたん

一体オセロ
（メガハウス）

石がずれないから、ストレスなくあそべそう！

オセロの盤面のマスの下に白黒のオセロの石が入っていて、回転させることで白黒を入れかえることができます。白石の表面にはへこみが、黒石の表面にはでっぱりがあるので、目が不自由な人でも指先でさわって石のちがいを区別することができます。

**ルービックキューブ
ユニバーサルデザイン**
（メガハウス）

色の面ごとに丸、四角、バツ、ドットなどの凹凸がついている

ふつうのルービックキューブになれた人も、触覚だけで挑戦してみたらもっと楽しいかも！

だれでもあそべる
ルービックキューブ

一般的なルービックキューブは色を見ながら面をそろえてあそびますが、このルービックキューブは、色ごとにちがう形の凹凸がつけられ、手でさわるだけでも面をそろえることができます。目が不自由な人にも配慮されたルービックキューブです。

伝えたいことを整理して報告しよう

5 みんなの前で発表する

第2巻の3と4では、第1巻で調べたことを原稿にまとめました。では、まとめた原稿をみんなの前で発表してみましょう。

みんなの前だとつい緊張してしまいがちですが、リラックスして落ちついて読むことを心がけましょう。

発表するときは、次のような点に気をつけるといいでしょう。

❶ まずはリラックス

緊張すると声が出にくくなります。まずは深呼吸して、リラックスしましょう。

❷ 声の大きさを意識する

声は大きすぎず、小さすぎず、聞き手の人数や距離を考えて、聞き取りやすい大きさで話しましょう。明るくはっきり話せば、聞き手も興味をもって聞いてくれます。

鼻からいっぱい
息をすって、いったん
息をとめたら、口から
ゆっくり息をはいて
みよう

❸ 伝えたい内容を意識する

大事なことは大きな声でゆっくり話す、声に抑揚（強弱）をつけながら話すなど、原稿の内容を理解し、伝えたいことに合わせて、声の大きさや話す速さを工夫しましょう。

❹ 表現を工夫する

発表の前に、資料を黒板やディスプレイに掲示したり、プリントをくばったりしておき、発表中に「資料を見てください」などといいながら話すと、ただ話すだけよりも聞き手に伝わりやすくなります。

みなさんの身のまわりに、だれにでも使いやすく、暮らしやすい工夫がほどこされたものはありますか？　実際に調べてみましょう。そして、調べたことをみんなの前で発表しましょう。

６ 感想を話し合おう

　ひとりが発表しているあいだ、ほかの人たちは聞き手となって、発表内容でよかったところや気になったところ、大事なところなどをメモしておきましょう。

　発表が終わったら、メモを見ながら質問をしたり、感想を話し合ったりしましょう。次のような点について考えながら、メモを取りましょう。

① 話を聞いてわかったこと

② 疑問に思ったところ

③ どこがわかりやすかったか

④ なぜわかりやすかったか

⑤ まねしたいところ

メモを取ろう

次のページにあるワークシートを使って、友だちの発表をメモしてみましょう。ワークシートは、必ずコピーして使いましょう。

ワークシートの記入例

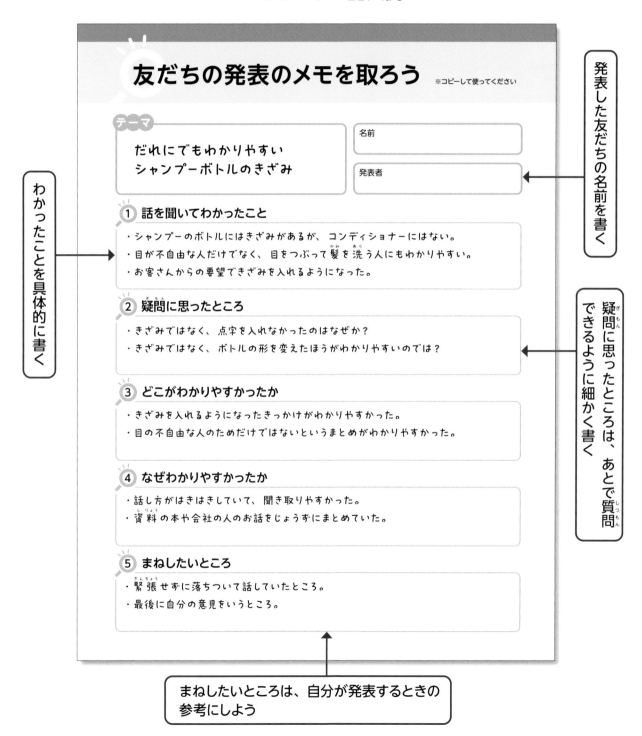

友だちの発表のメモを取ろう　※コピーして使ってください

テーマ

だれにでもわかりやすい
シャンプーボトルのきざみ

名前

発表者

① 話を聞いてわかったこと
・シャンプーのボトルにはきざみがあるが、コンディショナーにはない。
・目が不自由な人だけでなく、目をつぶって髪を洗う人にもわかりやすい。
・お客さんからの要望できざみを入れるようになった。

② 疑問に思ったところ
・きざみではなく、点字を入れなかったのはなぜか？
・きざみではなく、ボトルの形を変えたほうがわかりやすいのでは？

③ どこがわかりやすかったか
・きざみを入れるようになったきっかけがわかりやすかった。
・目の不自由な人のためだけではないというまとめがわかりやすかった。

④ なぜわかりやすかったか
・話し方がはきはきしていて、聞き取りやすかった。
・資料の本や会社の人のお話をじょうずにまとめていた。

⑤ まねしたいところ
・緊張せずに落ちついて話していたところ。
・最後に自分の意見をいうところ。

わかったことを具体的に書く

発表した友だちの名前を書く

疑問に思ったところは、あとで質問できるように細かく書く

まねしたいところは、自分が発表するときの参考にしよう

友だちの発表のメモを取ろう ※コピーして使ってください

テーマ

名前

発表者

① 話を聞いてわかったこと

② 疑問に思ったところ

③ どこがわかりやすかったか

④ なぜわかりやすかったか

⑤ まねしたいところ

◆**監修 白坂 洋一**（しらさか・よういち）

1977年鹿児島県生まれ。鹿児島県公立小学校教諭を経て、筑波大学附属小学校国語科教諭。『例解学習漢字辞典』（小学館）編集委員、『例解学習ことわざ辞典』（小学館）監修、全国国語授業研究会理事、「子どもの論理」で創る国語授業研究会会長。おもな著書に『子どもを読書好きにするために親ができること』（小学館）、『「学びがい」のある学級』（東洋館出版社）等。

◆**取材協力**　　パナソニック株式会社、花王株式会社、一般社団法人日本ユニバーサルボッチャ連盟、Hot Dog

◆**写真提供**　　株式会社LIXIL、パラマウントベッド株式会社、サントリーホールディングス株式会社、雪印メグミルク株式会社、株式会社ニトムズ、株式会社光、株式会社システムギアビジョン、有限会社ビバテック、ダイヤ株式会社、長谷川刃物株式会社、貝印株式会社、Image Craft株式会社、株式会社コメリ、公益財団法人明治安田こころの健康財団、日本ユニバーサルモルック協会、日本卓球バレー連盟、一般社団法人オールスマイル 笑顔のふうせんバレーボール事業部、合同会社バンビーノ、株式会社セガ、株式会社メガハウス

◆**取材・執筆**　　加藤 達也
◆**執筆**　　東 滋実、澤野 誠人
◆**イラスト**　　サキザキ ナリ
◆**ブックデザイン**　　佐藤 紀久子（株式会社ワード）
◆**編集協力**　　株式会社ワード

みんなが使いやすい
身近なユニバーサルデザイン
❸ **生活用品・スポーツ・ゲーム**　360°歯ブラシ、だれでもあそべるトランプ ほか

2024年2月　初版第1刷発行
2024年9月　初版第2刷発行

監修者　白坂 洋一
発行者　三谷 光
発行所　株式会社汐文社
　　　　〒102-0071　東京都千代田区富士見 1-6-1
　　　　電話 03-6862-5200　ファックス 03-6862-5202
　　　　URL https://www.choubunsha.com
印　刷　新星社西川印刷株式会社
製　本　東京美術紙工協業組合

ISBN978-4-8113-3120-1